AF324497

# AMADIS,

## *TRAGEDIE*

### REPRESENTE'E

### PAR L'ACADEMIE ROYALLE

### DE MUSIQUE.

Le 16. Janvier 1684. & remiſe au Théatre le
Mardy 31. May 1701.

## A PARIS.

Chez CHRISTOPHE BALLARD, ſeul Imprimeur
du Roy pour la Muſique, ruë S. Jean de Beauvais,
au Mont-Parnaſſe.

## M. DCCI.

*Avec Privilege de Sa Majeſté.*

# PERSONNAGES
## DU PROLOGUE.

ALQUIF, *celebre Enchanteur , Epoux d'UR-*
GANDE.  Monsieur Hardouin.
URGANDE, *celebre Enchanteresse , Epouse*
*d'*ALQUIF.  Mademoiselle Renaud.

---

*Noms des Actrices & des Acteurs chantans dans tous les*
*Chœurs du Prologue & de la Tragedie.*

SECOND RANG.　　　　　　　　　PREMIER RANG.

### MESDEMOISELLES.

| | | | |
|---|---|---|---|
| Cenet. | Baſſet. | Deſmâtins la cad. marchand. | |
| Gherardy. | Du Peyré. | Loignon. | Du Val. |

### MESSIEURS.

| | | | |
|---|---|---|---|
| Frere. | Mantienne. | La Coſte. | Thomas. |
| Heuqueville. | Renard. | Cadot. | Des Voix. |
| Courteil. | Saulé. | Fournier. | Le Jeune. |
| Moreau. | | Labé. | |

---

## DIVERTISSEMENT
*du Prologue.*
*Suivants d'*ALQUIF.

Meſſieurs Germain, Bouteville, Blondy, Dumoulin l'aîné,
Fauvau & Courcelle.
*Suivantes d'*URGANDE.
Mademoiſelle Du Fort.
Meſdemoiſelles Dangeville, Victoire, Roze, Freville ;
le Maire & Deſmâtins.

# PROLOGUE.

LE Théatre represente les Lieux qu'ALQUIF &
URGANDE ont choisis, pour y demeurer
enchantez, & assoupis avec leur suite.

Un Eclair & un coup de Tonnerre commencent
à dissiper l'assoupissement d'ALQUIF,
d'URGANDE, & de leur Suite.

ALQUIF & URGANDE sous un riche Pavillon.

*A*H! j'entends un bruit qui nous presse*
*De nous rassembler tous;*
*Le charme cesse*
*Eveillons - nous.*

Les Suivants d'ALQUIF, & les Suivantes d'URGANDE
en s'éveillant.

*Le charme cesse*
*Eveillons-nous.*

## ALQUIF & URGANDE.

*Esprits empressez a nous plaire,*
*Vous qui veillez icy pour nôtre sûreté,*
*Vôtre soin n'est plus necessaire*
*Vous pouvez desormais partir en liberté.*

## PROLOGUE.

*Que le ciel annonce à la terre*
*La fin de cet enchantement ,*
*Brillants éclairs , bruyant tonnerre ,*
*Marquez avec éclat ce bien-heureux moment.*

## CHOEUR.

*Quele ciel annonce à la terre*
*La fin de cet enchantement ,*
*Brillants éclairs , bruyant tonnerre ,*
*Marquez avec éclat ce bien-heureux moment.*

Les Statuës qui soûtiennent le Pavillon , l'emportent, en volant au bruit du tonnerre, & à la lueur des éclairs.

Les Suivants d'ALQUIF & d'URGANDE se réjoüissent de n'être plus enchantez, & témoignent leur joye, par des danses, & par des chants.

Une des Suivantes d'URGANDE. M<sup>lle</sup> Gherardy.

*Les Plaisirs nous suivront deformais ;*
*Nous allons voir nos desirs satisfaits:*
*Vivons sans allarmes ,*
*Vivons tous en paix.*
*Revenez , reprenez tous vos charmes ,*
*Jeux innocents , revenez pour jamais.*
*Il est temps que l'Aurore vermeille*
*Céde au Soleil , qui marche sur ses pas.*
*Tout brille icy bas.*
*Il est temps que chacun se réveille ;*
*L'Amour ne dort pas ,*
*Tout sent ses appas.*

# PROLOGUE.



*L'aimable Zephire*
*Pour Flore soûpire ;*
*Dans un si beau jour*
*Tout parle d'amour.*

## URGANDE.

*Lorsqu' Amadis perit, une douleur profonde*
*Nous fit retirer dans ces lieux.*
*Un charme assoupissant devoit fermer nos yeux,*
*Jusqu'au temps fortuné que le destin du Monde*
*Dépendroit d'un Heros encor plus glorieux.*

## ALQUIF.

*Ce Heros triomphant veut que tout soit tranquile.*
*En vain mille Envieux s'arment de toutes parts,*
*D'un mot, d'un seul de ses regards,*
*Il sçait rendre à son gré leur fureur inutile.*

## ALQUIF & URGANDE.

*C'est à luy d'enseigner*
*Aux Maîtres de la Terre*
*Le grand art de la guerre,*
*C'est à luy d'enseigner*
*Le grand art de regner.*

## URGANDE.

*Retirons Amadis de la nuit éternelle.*
*Le Ciel nous le permet, un sort nouveau l'appelle*
*Où son sang regnoit autrefois.*

## ALQUIF.

*Nous ne sçaurions choisir de demeure plus belle.*
*Allons être témoins de la gloire immortelle*
*D'un Roy l'étonnement des Roys,*
*Et des plus grands Heros le plus parfait modelle.*

URGANDE & ALQUIF.

*Tout l'Univers admire ſes exploits,*
*Allons vivre heureux ſous ſes loix.*

CHOEUR.

*Tout l'Univers admire ſes exploits,*
*Allons vivre heureux ſous ſes loix.*

Les Suivants d'ALQUIF & d'URGANDE témoignent
leur joye, par des danſes, & par des chants.

Une des Suivantes d'URGANDE. Mlle du Peyré, & le Chœur.

*Suivons l'Amour c'eſt luy qui nous meine,*
*Tout doit ſentir ſon aimable ardeur.*
*Un peu d'amour nous fait moins de peine*
*Que l'embarras de garder nôtre cœur.*

*Malgré nos ſoins, l'Amour nous enchaîne ;*
*On ne peut fuir ce charmant vainqueur.*
*Un peu d'amour nous fait moins de peine*
*Que l'embarras de garder nôtre cœur.*

ALQUIF & URGANDE.

*Volez tendres Amours, Amadis va revivre.*
*Son grand cœur eſt fait pour vous ſuivre.*
*Volez, volez aimables Jeux,*
*Conduiſez Amadis en des climats heureux.*

CHOEUR.

*Volez, volez, aimables Jeux,*
*Conduiſez Amadis en des climats heureux.*

Les Amours & les Jeux volent.

# Fin du Prologue.

# ACTEURS
## DE LA TRAGEDIE.

A MADIS, *Fils du Roy Perion de Gaule.* M^r Chopelet.
ORIANE, *Fille de Lisvart, Roy de la grande*
*Bretagne.* Mademoiselle Moreau.
FLORESTAN, *Fils naturel du Roy Perion de Gaule.*
Monsieur Thevenard.
CORISANDE, *Souveraine de Gravesande.* M^lle Clement.
*Troupes de Chevaliers combattans dans des Jeux en l'honneur*
*d'*ORIANE.
ARCALAUS, *Chevalier Enchanteur,* Frere *d'*ARCA-
BONNE, *&* d'ARDAN-CANILE. Monsieur Dun.
ARCABONNE, *Enchanteresse, Sœur d'*ARCALAUS,
*&* d'ARDAN-CANILE. Mademoiselle Desmâtins.
*Troupes de Suivants, & de Soldats d'*ARCALAUS.
*Troupes de Demons sous la figure de Monstres terribles, de*
*Nymphes agréables, de Bergers & de Bergeres.*
*Troupe de Captifs.*
*Troupe de Captives.*
*Troupe de Geoliers.*
*Demons volants qui conduisent* ARCABONNE.
*L'ombre d'*ARDAN-CANILE. Monsieur Hardoüin.
URGANDE, *celebre Enchanteresse, Amie d'*AMADIS.
Mademoiselle Maupin.
*Troupe de Suivantes d'*URGANDE.
*Troupe de Demons infernaux.*
*Troupe de Demons de l'Air.*
*Troupes de Heros & d'Heroïnes, enchantez dans la Chambre*
*deffenduë du Palais d'Apollidon.*

# DIVERTISSEMENTS
## de la Tragedie.

## PREMIER ACTE.
### Troupes de Combattans.

#### Portes Drapeaux.
Monſieur Dumirail.
Meſſieurs Ferand, & Blondy.

#### Premier Party.
Meſſieurs Bouteville, Germain, Dumay, Javilier, & Ruel.

#### Second Party.
Meſſieurs Dumoulin cadet, Dumoulin l'aîné, Fauvau, Roze, & Dangeville.

---

## DEUXIE'ME ACTE.
### Différents Demons.
Meſſieurs Dumirail, Germain, Blondy, & Ferand.
Meſdemoiſelles Subligny, Dufort, Victoire, & Dangeville.

---

## TROISIE'ME ACTE.
### Captifs.
Monſieur Balon.
Meſſieurs Bouteville, Dumoulin l'aîné, Dumoulin cadet, Ferand, Fauvau, & Dangeville.

---

## QUATRIE'ME ACTE.
### Suite d'Urgande.
Meſdemoiſelles Victoire, Dangeville, Roze, Freville, le Maire, & Deſmâtins.

---

## CINQUIE'ME ACTE.
### Troupe de Heros & d'Heroïnes.
Monſieur de Leſtang, & Madmoiſelle Subligny.
Meſſieurs Dumoulin l'aîné, Bouteville, Dumoulin cadet, Ferand, Blondy, & Dumay.
Meſdemoiſelles Victoire, Dangeville, le Maire, Freville, Deſmâtins, & le Brun.

# AMADIS,
## *TRAGEDIE.*

## ACTE PREMIER.

Le Théatre represente le Palais du Roy
LISVART, Pere d'ORIANE.

## SCENE PREMIERE.

AMADIS, FLORESTAN.

### FLORESTAN.

E reviens dans ces lieux, pour y voir ce
que j'aime ;
 Chaque moment est cher pour moy :
Mais au sang qui nous joint je sçay ce
que doi ;

B

# AMADIS,

*Je ne puis vous laisser sans une peine extréme*
*Dans la douleur où je vous vois.*
*Le grand cœur d'Amadis doit être inébranlable ;*
*Quel malheur peut troubler un Heros indomptable,*
*Vainqueur des fiers Tirans, & des monstres affreux.*

## AMADIS.

*J'aime, helas ! c'est assez pour être malheureux.*

## FLORESTAN.

*Sans cesse vous volez de victoire en victoire,*
*Vôtre grand nom s'étend aussi loin que le jour ;*
*Si vous vous plaignez de l'Amour,*
*Consolez-vous avec la Gloire.*

## AMADIS.

*Ah ! que l'amour paroît charmant !*
*Mais, helas ! il n'est point de plus cruel tourment.*

*Que je trouvois d'appas dans ma naissante flâme !*
*Que j'aimois à former un tendre engagement !*
*Je payeray bien cherement*
*Les trompeuses douceurs, qui seduisoient mon ame.*

*Ah ! que l'amour paroît charmant !*
*Mais, helas! il n'est point de plus cruel tourment.*

*J'ay choisi la Gloire pour guide,*
*J'ay pretendu marcher sur les traces d'Alcide ;*
*Heureux ! si j'avois évité*
*Le charme trop fatal dont il fut enchanté !*

Son cœur n'eût que trop de tendresse,
Je suis tombé dans son malheur ;
J'ay mal imité sa valeur,
J'imite trop bien sa foiblesse.
J'aime Oriane, helas ! je l'aime sans espoir.

## FLORESTAN.

Elle dépend d'un Pere, elle suit son devoir.

## AMADIS.

Oriane m'aimoit, je l'aimois sans allarmes.

## FLORESTAN..

Que vous peut-elle offrir que d'inutiles larmes ?
L'Empereur des Romains sur son thrône l'attent

## AMADIS.

Je pourrois l'obtenir par la force des armes,
Si son amour étoit constant ;
Et je croyois son cœur à l'épreuve des charmes
Du thrône le plus éclatant.


Fût-il jamais Amant plus fidelle & plus tendre,
Fût-il jamais Amant plus malheureux que moy ?

La Beauté, dont je suis la loy,
Me bannit pour jamais, sans me vouloir entendre ;
Helas ! est-ce le prix que je devois attendre
De mon amour & de ma foy ?

Fût-il jamais Amant plus fidelle & plus tendre,
Fût-il jamais Amant plus malheureux que moy ?

# AMADIS,

## FLORESTAN.

*Quand on est aimé comme on aime,*
*C'est une trahison que de se dégager,*
*Mais c'est une foiblesse extréme*
*D'aimer une Inconstante & de ne pas changer.*

*Vous serez plus heureux dans une amour nouvelle.*

## AMADIS.

*Oriane ingrate, & cruelle,*
*M'accable de mortels ennuis :*
*Mais j'ay juré de conserver pour elle*
*Un amour éternelle ;*
*Tout infortuné que je suis,*
*J'aime mieux étre encor malheureux qu'infidele.*
*C'est trop vous arrêter, allez, suivez l'Amour.*
*Corisande en ces lieux attend vôtre retour.*

## FLORESTAN.

*Vous puis-je abandonner à vôtre inquietude ?*

## AMADIS.

*Un amour malheureux cherche la solitude.*

## SCENE SECONDE.

CORISANDE, FLORESTAN.

### CORISANDE.

*FLorestan !*

### FLORESTAN.

*Corisande !*

### FLORESTAN & CORISANDE.

*O bienheureux moment*
*Qui finis mon cruel tourment !*

*Aprés la rigueur extrême*
*D'un fatal éloignement ;*
*Que c'est un plaisir charmant*
*De revoir ce que l'on aime !*

### FLORESTAN.

*Il faut unir vôtre cœur & le mien*
*D'un éternel lien.*

### CORISANDE.

*Venez regner aux lieux où je commande.*

### FLORESTAN.

*Aimons-nous, belle Corisande,*
*Et contons la grandeur pour rien.*

### FLORESTAN, CORISANDE.

*Vous êtes le seul bien*
*Que mon amour demande.*

### CORISANDE.

*Que ne puis-je arrêter l'ardeur*
*Qui vous porte à chercher les perils de la guerre !*
*Que ne vous puis-je offrir l'empire de la terre*
*Avec l'empire de mon cœur.*

### FLORESTAN.

*Trop heureux que l'amour avec moy vous engage,*
*Trop heureux de porter vos fers,*
*J'estime plus cent fois un si doux esclavage*
*Que l'empire de l'univers.*

### CORISANDE.

*Si vôtre cœur eût été bien sensible*
*Au tendre amour qui me tient sous sa loy,*
*Vous eût'il été possible*
*De vous éloigner de moy ?*

### FLORESTAN.

*Fils d'un Roy dont le nom par tout s'est fait con-*
*noître,*
*Et Frere d'Amadis le plus grand des Heros ;*
*Pouvois-je demeurer dans un honteux repos ?*
*Aurois-je dementy le sang qui m'a fait naître ?*

*Pour meriter de plaire aux yeux qui m'ont charmé*
*J'ay cherché tout l'éclat que donne la Victoire :*
*Si j'avois moins aimé la Gloire*
*Vous ne m'auriez pas tant aimé.*

### CORISANDE.

*La loy que fait l'Amour doit être enfin suivie,*
*Quand on a satisfait la Gloire & le Devoir.*

### FLORESTAN & CORISANDE.

*C'est ma plus chere envie*
*De vous aimer toute ma vie ?*
*C'est mon plus doux espoir*
*De vous aimer & de vous voir.*

# SCENE TROISIEME.

ORIANE, FLORESTAN, CORISANDE·

### CORISANDE.

JE revoy Florestan, je le revoy fidele.
#### ORIANE.

Ah! qu'il est beau d'aimer d'un amour éternelle!

#### FLORESTAN.

C'est envain qu'Amadis vous aime constamment,
Et vous l'avez banny, par une loy cruelle.

#### ORIANE.

Non ne deffendez point un si volage Amant.
Sa premiere amour est finie :
Il adore Briolanie.

Le Confident de sa nouvelle ardeur
N'a que trop bien sçû m'en instruire :
Il n'est plus permis à mon cœur
De se laisser seduire.

#### FLORESTAN.

Se peut-il qu'Amadis vous ait manqué de foy?

#### ORIANE.

Ma Rivale n'est que trop belle.
#### CORISANDE.

## CORISANDE.

*Estes-vous moins aimable qu'elle?*

## ORIANE.

*Elle a l'avantage sur moy,*
*D'estre une Conqueste nouvelle.*

## FLORESTAN.

*Amadis est saisi d'un mortel desespoir.*

## ORIANE.

*Non, non, ce n'est qu'un artifice*
*Dont il couvre son injustice,*
*Il sera trop content de ne me jamais voir.*

## CORISANDE.

*L'Injustice seroit estrange*
*De vouloir ajoûter la feinte au changement:*
*Au moins un grand Cœur, quand il change,*
*Doit changer sans déguisement.*

## ORIANE.

*L'Ingrat, un peu plus tard auroit changé son crime.*
*Je vais devenir la Victime*
*Du Devoir qui regle mon sort.*
*L'Inconstant n'a-t'il pû se faire un peu d'effort?*
*De luy-mesme bien-tost son cœur alloit dépendre:*
*Eh! que n'attendoit-il mon hymen, ou ma mort,*
*Il ne devoit plus guere attendre.*

C

### FLORESTAN.

*Amadis punit les Ingrats,*
*L'Innocence opprimée a recours à son bras,*
*La Justice trop foible à son secours l'appelle ;*
*Jamais tant de vertu n'a si bien merité*
*Une gloire immortelle :*
*Un Heros ennemy de l'infidelité*
*Peut-il estre Amant infidele ?*

### ORIANE.

*L'éclat de tant de gloire avoit jusqu'à ce jour*
*Eblouy mon ame crédule.*
*Ah ! les plus grands Heros ne font pas grand scrupule*
*D'une infidelité d'amour.*

*Pourquoy me plaindre d'une offense*
*Qui met mon cœur en mon pouvoir ?*
*Que je profite mal d'une heureuse inconstance*
*Qui m'aide à suivre mon devoir !*
*Juste Dépit, brisez ma chaîne.*
*J'allois finir mes tristes jours,*
*Plutost que de trahir de si belles amours ;*
*Amadis les trahit sans peine.*
*Juste Dépit, brisez ma chaîne,*
*C'est à vous seul que j'ay recours.*
*Helas ! vous m'agitez d'une colere vaine.*
*Que je me sens tremblante, inquiéte, incertaine !*
*Que je suis foible encore avec vostre secours,*
*Juste Dépit, brisez ma chaîne.*

## FLORESTAN & CORISANDE.

*Non, on ne fort pas aisément*
*D'un amoureux engagement.*

## ORIANE.

*Malheureux qui s'engage,*
*Avec un cœur volage!*

## ORIANE, FLORESTAN & CORISANDE.

*Trop heureux qui peut s'engager*
*Pour ne iamais changer!*

## CORISANDE.

*Deux Partis vont icy difputer la victoire:*
*Ces Jeux guerriers fe font à voftre gloire.*

## ORIANE.

*Que j'ay de peine à cacher mes ennuis!*
*Ne m'abandonnez pas dans le trouble où je fuis.*

# SCENE QUATRIE'ME.

Troupe de Combattans.

## ORIANE, FLORESTAN, CORISANDE.

Les deux Partis Combatent, & les Victorieux portent les armes qu'ils ont gagnez aux pieds d'ORIANE.

## CHOEUR.

*BElle Princesse que vos charmes,*
*Ont enchanté de cœurs !*
*Vous forcez les plus fiers Vainqueurs*
*A vous rendre les armes.*
*Les plus grands Rois de l'univers*
*Font gloire de porter vos fers.*

Fin du premier Acte.

# ACTE SECOND.

Le Théatre represente une Forest chargée de Trophées. On y voit un Pont, & un Pavillon au bout.

## SCENE PREMIERE.
### ARCABONNE.

*Mour, que veux-tu de moy?*
*Mon cœur n'est pas fait pour toy.*

*Non, ne t'oppose point au penchant qui m'entraîne;*
*Je suis accoustumée à ressentir la haïne,*
*Je ne veux inspirer que l'horreur & l'effroy.*
*Amour, que veux-tu de moy?*
*Mon ame auroit trop de peine*
*A suivre une douce loy,*
*C'est mon sort d'estre inhumaine.*

*Amour que veux-tu de moy?*
*Mon cœur n'est pas fait pour toy.*

# SCENE SECONDE.
## ARCALAUS, ARCABONNE.

### ARCALAUS.

*M*A Sœur, qui peut causer voftre fombre tri-
      fteffe?
*Le filence, des bois fert à l'entretenir.*

### ARCABONNE·

*Il faut avoüer ma foibleffe*
*Pour commencer à m'en punir.*

*Un Heros, contre un monftre, un jour prît ma*
    *deffenfe,*
     *J'eftoîs morte fans fon fecours.*
     *Il ne voulut, pour recompenfe,*
*Que le plaifir fecret d'avoir fauvé mes jours.*
     *Je n'ay point fceu quel Heros m'a fervie;*
     *Je m'informay de fon nom vainement:*
*Mais fon cafque tomba, je le vis un moment:*
    *Ce moment fut fatal au refte de ma vie.*

     *Cet Inconnu fi genereux*
     *Ne me parut que trop aimable,*
*Il m'en revient fans ceffe une image agréable*
     *Qui me plaift plus que je ne veux.*

J'ay honte de mon trouble extrême ;
Je fuis par tout l'Amour, je fens par tout fes traits ;
Je cherche en vain les paifibles forefts :
Helas ! jufqu'au filence même,
Tout me parle de ce que j'aime.

## ARCALAUS.

L'amour, n'eft qu'une vaine erreur,
On n'en eft point furpris, quand on veut s'en deffendre.
Eft-ce à vous d'avoir un cœur tendre !
Votre cœur tout entier n'eft dû qu'à la fureur.

## ARCABONNE.

Non, je ne connoy plus mon cœur.
L'Amour qu'il a bravé le reduit à fe rendre :
Tout barbare qu'il eft, il fe laiffe furprendre
D'une douce langueur.
Non, je ne connoy plus mon cœur.

## ARCALAUS.

Délivrez-vous de l'efclavage
Où l'Amour vous engage.
Vous qui fçavez commander aux Enfers,
Ne fçauriez-vous brifer vos fers ?

## ARCABONNE.

Vous m'avez enfeigné la fience terrible
Des noirs enchantements qui font pâlir le jour ;
Enfeignez-moy, s'il eft poffible,
Le fecret d'éviter les charmes de l'amour.

 AMADIS,

### ARCALAUS.

*Songez que noftre fang nous demande vengeance.*
*Amadis l'a versé; fa valeur nous offenfe :*
*Le fuperbe Amadis a terminé le fort*
*Du redoutable Ardan , noftre malheureux Frere...*

### ARCABONNE.

*Que le nom d'Amadis m'infpire de colere !*
*Quand pourray-je goûter le plaifir de fa mort !*

### ARCALAUS.

*Que j'aime à voir en vous ce genereux tranfport !*

### ARCALAUS & ARCABONNE.

*Irritons noftre barbarie :*
*Ecoutons noftre fang qui crie ,*
*Periffe l'Ennemy qui nous ofe outrager !*
*Ah ! qu'il eft doux de fe vanger !*

### ARCABONNE.

*L'efpoir de la vengeance aujourd'huy me confole*
*De tout ce que l'Amour m'a caufé de tourmens,*
*Hâtez-vous de livrer à mes reffentimens,*
*L'Ennemy qu'il faut que j'immole.*

### ARCALAUS.

*Laiffez-moy l'engager dans mes enchantemens.*

ARCABONNE fe retire, ARCALAUS demeure dans la Foreft , & aperçoit AMADIS qui s'avance.

SCENE

## SCENE TROISIE'ME.

### ARCALAUS.

DAns un piege fatal son mauvais sort l'amene.

Esprits malheureux & jaloux,
Qui ne pouvez souffrir la vertu qu'avec peine;
Vous dont la fureur inhumaine
Dans les maux qu'elle fait trouve un plaisir si doux;
Demons preparez-vous
A seconder ma haine;
Demons preparez-vous
A servir mon couroux!

**ARCALAUS** se retire dans le Pavillon, qui est au bout du Pont.

## SCENE QUATRIEME.

### AMADIS.

BOis épais redouble ton ombre:
Tu ne sçaurois être assez sombre;
Tu ne peux trop cacher mon malheureux amour.
Je sens un desespoir dont l'horreur est extréme,
Je ne doy plus voir ce que j'aime,
Je ne veux plus souffrir le jour.

D

# SCENE CINQUIEME.

## CORISANDE, AMADIS.

### CORISANDE.

*O Fortune cruelle !*
*Tu prens plaisir à me troubler.*
*Tu me flattois pour m'accabler*
*D'une peine mortelle :*
*O Fortune cruelle !*

### AMADIS.

*Ciel ! par un prompt trépas, finissez ma douleur.*

### CORISANDE.

*Ciel ! par un prompt secours finissez mon malheur.*

### AMADIS & CORISANDE sans se voir.

*Helas ! quels soûpirs me repondent ?*
*Helas ! quels soûpirs, quels regrets,*
*Avec mes plaintes se confondent ?*
*Helas ! quels soûpirs, quels regrets*
*Me repondent dans ces Forests ?*

### CORISANDE.

*Que vois-je ? Amadis....*

### AMADIS.

         *Qui m'appelle ?*

**CORISANDE.**

*Par quel sort puis-je icy vous voir?*

**AMADIS.**

*Vous voyez un Amant fidele*
*Reduit au dernier desespoir.*

**CORISANDE.**

*Protegez la vertu que l'injustice opprime:*
*Secourez Florestan; même sang vous anime:*
*Il étoit comme vous l'apuy des malheureux;*
*Je n'ay pû retenir son cœur trop genereux,*
*Aux pleurs d'une Inconnuë il s'est laissé seduire.*
*La Perfide a sçû le conduire*
*Dans des enchantemens affreux.*

**AMADIS.**

*Pour l'aller secourir quel chemin faut-il prendre?*

**CORISANDE.**

*A d'horribles dangers vous devez vous attendre.*

**AMADIS.**

*J'ay veu les dangers sans effroy*
*Lorsque mes jours heureux étoient dignes d'envie;*
*Puis-je craindre la Mort, dans un temps, où la Vie*
*N'est plus qu'un suplice pour moy?*

**CORISANDE.**

*Florestan est tombé dans un triste esclavage,*
*En voulant passer dans ces lieux.*

**AMADIS.**

*Allons.*

## SCENE SIXIEME.

### ARCALAUS, AMADIS, CORISANDE, Suivants D'ARCALAUS.

ARCALAUS empêchant AMADIS de passer
sur le Pont.

*A Rrête, Audacieux.*
*Arrête, j'entreprens de garder ce Passage.*
*Voy ces marques de mes exploits,*
*Voy combien de Guerriers m'ont cedé la victoire.*
*Join un nouveau trophée à ceux que dans ces bois*
*J'ay fait élever à ma gloire.*

### AMADIS.

*Cesse de m'arrêter, ne force point mon bras*
*A tourner sur toy ma vengeance.*

### ARCALAUS.

*Si tu cherches ton Frere, il est en ma puissance.*

### CORISANDE.

*Rendez-moy Florestan.*

### ARCALAUS.

*Allez, suivez ses pas,*
*Suivez vôtre Amant au trépas.*

Les Suivants d'ARCALAUS emmennent CORISANDE.

### CORISANDE.

*Amadis, Amadis, nôtre unique esperance,*
*Ah! ne nous abandonnez pas!*

### AMADIS.

*Perfide, il faut que je punisse*
*Ta barbare injustice.*

AMADIS combat ARCALAUS.

### ARCALAUS.

*Esprits Infernaux, il est temps*
*De me donner le secours que j'attens.*

# SCENE SEPTIEME.

Plusieurs Demons, sous la figure de Monstres
terribles, s'efforcent envain d'étonner AMADIS:
D'autres Demons sous la forme de Nymphes, de
Bergers & de Bergeres, prennent la place des Monstres, & enchantent AMADIS.

## AMADIS. Troupe de NYMPHES, de BERGERS & de BERGERES.

### LE CHOEUR.

*NOn, non pour être invincible,*
*On n'en est pas moins sensible,*
*Quel Vainqueur a resisté*
*Au charme de la Beauté ?*

DEUX BERGERS. Messieurs Boutelou & Desvoix.

*Aimez, soûpirez, cœurs fideles ;*
*L'Amour dans ces Bois*
*Prend des forces nouvelles.*
*Heureux mille fois*
*Ceux qu'il tient sous ses loix.*
*Il fait disparoître*
*L'horreur des deserts,*
*Tout le suit, c'est le maître*
*De tout l'univers,*
*Quel empire doit étre*
*Plus doux que ses fers ?*

DEUX NYMPHES M^lles Cenet, & du Peyré. UN BER-
GER. M^r Boutelou. le CHOEUR alternativement avec

Vous ne devez plus attendre
Rien qui trouble vos defirs.
Cedez aux plaifirs
Qui viennent vous furprendre.
Cedez, il eft temps de vous rendre,
Cedez, rendez-vous
Aux charmes les plus doux ;

L'Amour eft pour nous,
C'eft envain que l'on veut s'en deffendre :
Cedez, il eft temps de vous rendre,
Cedez, rendez-vous
Aux charmes les plus doux.

C'eft l'Amour qui doit pretendre
De fçavoir vous defarmer :
L'Amour doit former
Les chaînes d'un cœur tendre.
Cedez, il eft temps de vous rendre,
Cedez, rendez-vous
Aux charmes les plus doux.

L'Amour eft pour nous.
C'eft envain que l'on veut s'en deffendre :
Cedez il eft temps de vous rendre,
Cedez, rendez-vous
Aux charmes les plus doux.

AMADIS enchanté croit voir ORIANE.

*Eſt-ce vous, Oriane? ô Ciel eſt-il poſſible?*
*Vôtre cœur contre moy n'eſt-il plus irrité?*
*L'éclat de vos beaux yeux, dans ce Bois écarté,*
*Chaſſe ce que l'Enfer a formé de terrible.*
*Que vivre loin de vous eſt un ſupplice horrible!*
*Quel plaiſir de vous voir! que j'en ſuis enchanté!*
*Diſpoſez de ma vie, & de ma liberté.*

AMADIS met ſon épée aux pieds de la Nymphe qu'il
prend pour ORIANE, & la ſuit avec empreſſement.

### LE CHOEUR.

*Non, non, pour être invincible*
*On n'en eſt pas moins ſenſible;*
*Quel Vainqueur a reſiſté*
*Au charme de la Beauté?*

Fin du ſecond Acte.

# ACTE TROISIE'ME.

Le Théatre represente un vieux Palais ruiné;
on y voit le Tombeau d'ARDAN-CANILE,
& plusiers differents cachots.

## SCENE PREMIERE.

FLORESTAN enchaîné, & enfermé dans un cachot.
CORISANDE enchaînée, & enfermée dans un
autre cachot.
TROUPE de Captifs enfermez. TROUPE de Geoliers.

#### CHOEUR de Captifs.

Ciel! finissez vos peines.

#### CHOEUR de Geoliers.

Vos clameurs seront vaines.

#### CHOEUR de Captifs.

Ciel! ô Ciel! quel supplice! hélas!

#### CHOEUR de Geoliers.

Le Ciel ne vous écoute pas.

E

## SCENE SECONDE.

ARCABONNE, & les mêmes Acteurs de la Scene
precedente.

ARCABONNE conduite & portée en l'air par des
Démons, descend dans le Palais ruiné.

### ARCABONNE.

*IL est temps de finir votre plainte importune ;*
    *Sortez, traînez icy vos fers.*

### Deux GEOLIERS.

Messieurs Cadot & Courteil.

Ils ouvrent les cachots, & les Captifs en sortent.

### Les CAPTIFS.

*Contentez-vous des maux que nous avons soufferts ;*
    *Faites cesser nostre infortune.*

### ARCABONNE.

*Vous allez cesser de souffrir,*
*Malheureux, vous allez mourir.*

*Bientôt l'Ennemy qui m'outrage*
*Sera remis en mon pouvoir :*
*Et plus je suis prés de le voir ;*
*Plus je sens augmenter ma rage.*

*Le Sang, ou l'Amitié vous unit avec luy,*
    *Vous perirez tous aujourd'huy.*

### CORISANDE.

*Florestan !*

### FLORESTAN.

*Corisande !*

**FLORESTAN & CORISANDE**
*Quel sort pour nos tendres amours?*

**CORISANDE.**
*Faut-il que vostre sang à mes yeux se répande ?*

**FLORESTAN.**
*Faut-il voir ce que j'aime expirer sans secours ?*

**CORISANDE.**
*Que le juste Ciel vous deffende !*
*C'est l'unique faveur, qu'en mourant je demande,*

**FLORESTAN.**
*Non, non, le coup fatal qui doit trancher mes jours*
*N'est pas celuy que j'apréhende.*

**CORISANDE.**
*Florestan !*

**FLORESTAN.**
*Corisande !*

**FLORESTAN & CORISANDE.**
*Quel sort pour nos tendres amours !*
*Ils parlent à* **ARCABONNE.**
*Cruelle, que vostre colere*
*Se contente de m'immoler.*

**ARCABONNE.**
*Non, trop de sang ne peut couler,*
*Pour vanger le sang de mon Frere.*

*Consolez-vous dans vos tourments,*
*La mort n'est pas un mal si cruel, qu'il le semble :*
*C'est unir deux Amants,*
*Que de les immoler ensemble.*

### CORISANDE.

*Puisque le Ciel ne permet pas*
*Que je vive avec vous, dans un bonheur extrême,*
*Avec vous la Mort même*
*A pour moy des appas.*
*La douceur de mourir, avec ce que l'on aime,*
*Dissipe l'horreur du trépas.*

### FLORESTAN & CORISANDE.

*La douceur de mourir avec ce que l'on aime,*
*Dissipe l'horreur du trépas.*

### FLORESTAN.

*Heureux, dans nos malheurs, que rien ne nous separe,*
*Non pas même la Mort barbare !*

### CORISANDE.

*Portons un nœud si beau,*
*Jusques dans le tombeau.*

### FLORESTAN & CORISANDE.

*Portons un nœud si beau,*
*Jusques dans le tombeau.*

### ARCABONNE.

*Ah ! c'est trop entendre*
*Un amour si tendre :*
*Vous m'importunez.*
*Taisez-vous, Infortunez.*

**ARCABONNE.**

Toy qui dans ce tombeau n'es plus qu'un peu de
cendre.
Et qui fus de la terre autrefois la terreur,
Reçoy le sang que ma fureur
S'empresse de répandre.
Qu'entends-je! Quel gemissement
Sort de ce monument?
Je vais répondre à vostre impatience,
Manes plaintifs, cessez de murmurer.
Je puniray qui vous offence,
Par la plus cruelle vengeance,
Que la rage puisse inspirer.
Je vais répondre à vostre impatience,
Manes plaintifs, cessez de murmurer.

## SCENE TROISIE'ME.

### L'OMBRE D'ARDAN=CANILE, & les mêmes Acteurs de la Scene précédente.

**L'OMBRE D'ARDAN** sortant de son Tombeau.

*AH! tu me trahis, malheureuse!*

### ARCABONNE.

*J'ay juré d'achever une vengeance affreuse,*
*Voyez quelle est l'ardeur de mes ressentiments.*

### L'OMBRE.

*Ah! tu me trahis, malheureuse,*
*Ah! tu vas trahir tes serments!*

*Je retombe; le jour me blesse.*
*Tu me suivras dans peu de temps;*
*Pour te reprocher ta foiblesse,*
*C'est aux Enfers que je t'attends.*

**L'OMBRE** rentre dans le Tombeau.

### ARCABONNE.

*Non, rien n'arrêtera la fureur qui m'anime.*
*On vient me livrer ma Victime.*

# SCENE QUATRIEME.

AMADIS enchaîné. Troupe de Soldats qui le gardent, & les mêmes Acteurs.

ARCABONNE approche AMADIS un poignard à la main.

### ARCABONNE.

MEurs.... que mes sens sont interdits !
O ciel ! que vois-je ! est-ce Amadis !

### AMADIS.

Je suis un malheureux qui n'ay plus d'autre envie
Que de trouver la fin de mon funeste sort.

### ARCABONNE.

Quoy l'Ennemy dont j'ay juré la mort
Est le Heros qui m'a sauvé la vie ?
Qu'est-ce que j'entreprens ? un trépas inhumain
De mon Liberateur seroit la recompense ?
    Non, une cruelle vengeance
Contre vos jours m'a fait armer en vain :
    Une juste reconnoissance,
    Me fait tomber les armes de la main.

Vivez, quittez vos fers, ne craignez plus ma haîne.
Quel prix vous puis-je offrir pour ce que je vous doy ?

### AMADIS.

D'Innocents malheureux ont trop souffert pour moy ;
Le seul prix que je veux c'est de briser leur chaîne.

ARCABONNE.

*Allez en liberté, goûter un doux repos :*
*Rendez graces à ce Heros.*

ARCABONNE rend la liberté à FLORESTAN, à
CORISANDE & aux autres Captifs. Elle emmenne avec elle
AMADIS. Les Captifs & les Captives se réjoüissent de la
liberté qui leur est renduë.

FLORESTAN, CORISANDE, & le Chœur.

*Sortons d'esclavage.*
*Profitons de l'avantage*
*Qu'Amadis a remporté :*
*Notre liberté*
*Est le prix de son courage,*
*Sortons d'esclavage.*
*Amadis a surmonté*
*L'Envie & la Rage,*
*Amadis a surmonté*
*L'Enfer irrité,*
*Profitons de l'avantage*
*Qu'Amadis a remporté :*
*Nostre liberté*
*Est le prix de son courage ;*
*Sortons d'esclavage.*

**Fin du troisiéme Acte.**

ACTE

# ACTE QUATRIE'ME.

Le Théatre represente une Isle agreable.

## SCENE PREMIERE.

### ARCALAUS, ARCABONNE.

#### ARCALAUS..

**P**AR mes enchantements Oriane est captive,
 Sa beauté causa nos malheurs :
Dans ces lieux , sans pitié , j'entens sa voix plaintive ,
 Et j'aime à voir couler ses pleurs.

Nostre Ennemy l'aimoit , il a tout fait pour elle ;
 Il combattait pour l'obtenir.

#### ARCABONNE.

Ie viens de la voir, qu'elle est belle !
Vous ne la sçauriez trop punir.

F

## ARCALAUS.

Ne permettons pas qu'elle ignore
La perte d'un Amant, dont son cœur est charmé,
Il faut qu'aprés la mort Amadis souffre encore,
Dans ce qu'il a le plus aimé.

Aux regards d'Oriane exposez la Victime,
Qu'à nos ressentiments vous venez d'immoler.
Un soûpir vous échape! & vous n'osez parler!
Est-ce par des soûpirs que la haîne s'exprime?

## ARCABONNE.

Que vous estes heureux de n'avoir à songer
Qu'à haïr, & qu'à vous vanger!
Hélas! dans nostre Ennemy même
J'ay trouvé l'Inconnu que j'aime.

## ARCALAUS.

Vous aimez Amadis! Il voit encor le jour!
Quoy, sur vostre vengeance un lâche amour l'em-
porte?

## ARCABONNE.

La vengeance la plus forte
Est foible contre l'Amour.

## ARCALAUS.

Quelle foiblesse est plus etrange!
Nostre Ennemy mortel devient vostre vainqueur?
Malgré tant de serments vostre perfide cœur
Du party d'Amadis se range!
Parjure, ah! c'est de vous qu'il faut que je me vange.

### ARCABONNE,

*Je l'aime, malgré moy, cet Ennemy charmant :*
*Je n'en puis être aimée, une autre a sceu luy plaire :*
*Je vous deffie, avec voftre colere,*
*D'inventer, pour mon châtiment,*
*Un plus cruel tourment.*

### ARCALAUS.

*Pour augmenter voftre fupplice,*
*Il faut vous faire voir ces deux Amants heureux ;*
*Avant que ma vengeance en faffe un facrifice,*
*Il faut que l'Hymen les uniffe.....*

### ARCABONNE.

*Ha! que plûtôt cent fois ils périffent tous deux.*

*Entre l'amour, & la haîne cruelle,*
*J'ay crû pouvoir me partager :*
*Mais dans mon cœur l'amour eft étranger,*
*Et la haîne m'eft naturelle.*

### ARCABONNE voyant approcher ORIANE.

*Ma Rivale gémit : que fes maux me font doux !*
*Pour punir ces Amants, j'imagine une peine*
*Digne de ma fureur, & de voftre couroux ;*
*C'eft peu d'une mort inhumaine....*

### ARCALAUS.

*Puis-je encor me fier à vous ?*

### ARCABONNE.

*Fiez-vous à l'Amour jaloux,*
*Il eft plus cruel que la Haine.*

## SCENE SECONDE.
### ORIANE.

*A Qui pourray-je avoir recours ?*
*C'est de vous, juste ciel ! que j'attens du secours,*
*Sur ces Bords inconnus, un Enchanteur barbare*
*Dispose de mes tristes jours :*
*L'Enfer contre moy se declare ;*
*A qui pourray-je avoir recours ?*
*C'est de vous, juste Ciel ! que j'attens du secours.*

*Autrefois Amadis auroit pris ma deffense :*
*Mais l'Inconstant m'oublie, & suit une autre loy.*
*Pourquoy m'en souvenir, pourquoy*
*N'oublier pas de luy jusqu'à son inconstance ?*
*Icy, loin de toute assistance,*
*Je tremble d'un mortel effroy ;*
*Eh ! faut-il encor que je pense*
*A qui ne pense plus à moy ?*

# SCENE TROISIE'ME.

## ARCALAUS, ORIANE.

### ARCALAUS.

JE vous entends, cessez de feindre.
Plaignez-vous d'Amadis, je ne veux pas contraindre
    Un si juste couroux.

### ORIANE.

J'ay tant de sujet de m'en plaindre,
Que j'ay presqu'oublié de me plaindre de vous.
Non, ce n'est point icy son secours que j'implore;
Il est allé chercher la Beauté qu'il adore,
Et je l'appellerois, par des cris surperflus.

### ARCALAUS.

Lorsque vous le verrez, vous l'aimerez encore.

### ORIANE.

Non, non, je ne le verray plus.
Je doy trop le haïr, pour renoüer la chaîne,
    Dont il a dégagé son cœur.

### ARCALAUS.

Si vous le haïssez, j'ay servy vostre haîne,
A la fin, j'ay vaincu ce superbe Vainqueur.

### ORIANE.

Vous? Vainqueur d'Amadis! non, il n'est pas possible
    Qu'il ait cessé d'estre invincible.
Tout cede à sa valeur, & vous la connoissez....

# AMADIS,

## ARCALAUS.

*Et c'est ainsi que vous le haïssez?*

## ORIANE.

*Je veux haïr toûjours un Amant si volage,*
*Et je me le suis bien promis :*
*Mais ses plus cruels ennemis*
*Peuvent-ils s'empêcher d'admirer son courage?*
*Non, rien ne peut estre assez fort,*
*Pour surmonter ce Heros indomptable,*

## ARCALAUS.

*Voyez si je me vante à tort*
*D'avoir vaincu ce Vainqueur redoutable.*

AMADIS étendu sur ses armes ensanglantées, paroît
mort.

# SCENE QUATRIE´ME,

ORIANE , AMADIS qui paroît mort.

### ORIANE.

Que voy-je ! ô spectacle effroyable !
    O trop funeste sort !
Ciel ! ô Ciel ! Amadis est mort !

Ma colere luy fut fatale ;
J'eûs tort de l'accuser de suivre une autre amour.
Que ne puis-je en mourant le rappeller au jour,
    D'eût-il vivre pour ma Rivale !
    Ciel , qui nous donnâs ce Heros,
    Que ne prenois-tu sa deffense,
    Contre l'infernale puissance ?
L'Univers a perdu l'autheur de son répos.
    Pleure , gémi foible Innocence,
    Pleure , helas ! tu n'a plus d'appuy :
    Tu vois expirer aujourd'huy
        Ton unique esperance.
        O trop funeste sort !
Ciel ! ô Ciel ! Amadis est mort !
Il m'appelle ; je le vais suivre ;
Le sort qui nous rejoint m'est doux.
Amadis , je vivois pour vous ,
Vous mourrez , je ne puis plus vivre.
                ORIANE tombe évanouïe.

# SCENE CINQUIE'ME.

**ARCALAUS, ARCABONNE, AMADIS**
qui paroît mort, ORIANE évanoüie.

**ARCALAUS & ARCABONNE.**

*Quel plaisir de voir*
*Un si cruel desespoir !*

**ARCABONNE.**

*Joignez vôtre fureur à ma rage inhumaine :*
*Il faut que ces Amants revivent tour à tour,*
*Pour souffrir une affreuse peine.*

**ARCALAUS**

*Il faut faire de leur amour*
*Le Ministre de nôtre haine.*

**ARCALAUS & ARCABONNE.**

*Quel plaisir de voir*
*Un si cruel desespoir !*

**ARCABONNE.**

*Il faut qu'Amadis sorte*
*Du profond assoupissement*
*Où le tient nôtre enchantement,*
*Et qu'il pleure Oriane morte :*
*Mais pour eux contre nous quel pouvoir s'est armé ?*

**ARCALAUS.**

*Qui peut conduire icy ce Rocher enflâmé.*

SCENE VI.

# SCENE SIXIE'ME.

Un Rocher environné de flâmes s'aproche, les
flâmes se retirent, & laissent voir un Vaisseau
sous la figure d'un Serpent, ce qui l'a fait ap-
peller la grande Serpente. URGANDE & ses
Suivantes sortent de ce Vaisseau.

URGANDE, Troupe de Suivantes d'URGANDE.
ARCALAUS, ARCABONNE, AMADIS
qui paroît mort, ORIANE évanoüie.

## URGANDE.

JE soûmets à mes loix l'Enfer, la Terre & l'Onde:
Sans qu'on sçache où je suis, je parcours tout le
    Monde,
   Et je connoy des secrets, que les Cieux
   N'ont jusqu'ici dévoilé qu'à mes yeux.
Mais j'arme seulement ma fatale puissance
   Contre l'injuste violence;
J'ay soin de relever le Mérite abbatu,
Et je fais mon bonheur de servir la Vertu.
   Tremblez, tremblez, reconnoissez Urgande
   Tout obéit, si-tôt que je commande;
    Barbares, laissez pour jamais
    Ces fideles Amants en paix.

URGANDE touche de sa baguette ARCALAUS & ARCABONNE.

### ARCALAUS & ARCABONNE.

*Tout mon effort est inutile,*
*Je demeure immobile ;*
*Je céde aux charmes trop puissans*
*Qui saisissent mes sens.*

**Deux Suivantes d'URGANDE. M<sup>lles</sup> Duval & Cenet.**

*Tremblez, tremblez, reconnoissez Urgande*
*Tout obeït, si-tôt qu'elle commande ;*
*Barbares, laissez pour jamais*
*Ces fidelles Amants en paix.*

Les Suivantes d'URGANDE jettent des Fleurs &
répandent des Parfums sur AMADIS & sur
ORIANE pour commencer à dissiper l'enchantement dont ils sont saisis. Une partie de ces
Suivantes dansent, & les autres chantent.

**Deux Suivantes d'URGANDE. M<sup>lles</sup> Loignon & du Peyré.**

*Cœurs accablez de rigueurs inhumaines*
*Ne cessez point d'esperer en aimant.*
*Il est fâcheux de porter des chaînes,*
*C'est un cruel tourment !*
*Mais quand l'Amour en veut payer les peines*
*C'est un plaisir charmant.*

*Il vient un jour où les craintes sont vaines,*
*Un triste sort change dans un moment.*
*Il est fâcheux de porter des chaînes*
*C'est un cruel tourment !*
*Mais quand l'Amour en veut payer les peines*
*C'est un plaisir charmant.*

Les Suivantes d'URGANDE emportent AMADIS
& ORIANE dans le Vaisseau de la grande Serpente. URGANDE, avant que d'y rentrer, touche
une seconde fois de sa baguette ARCALAUS
& ARCABONNE.

*Il faut que de vos sens je vous rende l'usage,*
*Perfides, je vous livre à vôtre propre rage.*

URGANDE rentre dans le Vaisseau de la grande
Serpente, qui commence à s'éloigner & à se couvrir
de flâmes.

## ARCALAUS.

*Demons soûmis à nos loix,*
*Volez, venez nous deffendre.*
*N'osez-vous rien entreprendre ?*
*Méprisez-vous nôtre voix ?*
*Hâtez-vous, c'est trop attendre.*
*Demons soûmis à nos loix,*
*Volez, venez nous deffendre.*

Les Demons des Enfers sortent pour secourir ARCALAUS
& ARCABONNE. les Demons de l'air viennent combat-
tre contre ceux des Enfers, & les surmontent.

## ARCALAUS, & ARCABONNE.

*On brave nôtre vain pouvoir,*
*Tout est contraire à nôtre envie:*
*Nous perdons tout espoir,*
*Renonçons à la vie!*


**Fin du quatriéme Acte.**

# ACTE CINQUIEME.

Le Théatre represente le Palais enchanté d'Apollidon , où l'on voit
l'Arc des loyaux Amants , & la
Chambre deffenduë dont la porte est
fermée.

## SCENE RREMIERE.

### URGANDE, AMADIS.

### URGANDE.

Pollidon , par un pouvoir magique,
Autrefois éleva ce Palais magnifique :
Consolez-vous en des lieux si charmants ;
Vous y devez trouver la fin de vos tourments.

## AMADIS.

### AMADIS.

*Je ne puis ressentir les charmes*
*Du plus agréable sejour :*
*Non, rien ne plaît à des yeux, que l'Amour*
*A condamnez à d'éternelles larmes.*

### URGANDE.

*Oriane est icy, rapellez vôtre espoir.*

### AMADIS.

*Oriane. . . .*

### URGANDE.

*Vous l'allez voir.*

### AMADIS.

*Je puis voir par vos soins la Beauté que j'adore !*
*Voir Oriane ! . . . . helas ! c'est l'irriter encore.*
*Ah que mon cœur se sent troubler !*
*Je tremble. . . .*

### URGANDE.

*Amadis peut trembler ?*

### AMADIS.

*Je suis inébranlable*
*Contre un Ennemy redoutable*
*Dont il faut vaincre la fureur :*
*Mais contre la colere*
*De la Beauté qui m'a sçû plaire*
*Rien n'est si foible que mon cœur.*

## URGANDE.

*Diſſipez une crainte vaine :*
*Empreſſez-vous de voir Oriane en ces lieux.*

## AMADIS.

*Je crains de meriter ſa haine*
*Elle m'a deffendu de paroître à ſes yeux.*

## URGANDE.

*C'eſt porter trop loin la conſtance*
*Que d'obeïr, ſans reſiſtance,*
*A de ſi dures loix ;*
*Et quelquefois*
*L'Amour s'offence*
*De trop d'obeïſſance.*

## SCENE SECONDE.

### ORIANE, AMADIS.

### ORIANE.

Fermez-vous, pour jamais, mes yeux, mes tristes
yeux.
Je pers ce que j'aime le mieux,
La clarté doit m'être ravie.
Helas ! quelle rigueur de me rendre la vie,
Pour me faire sentir la perte que je fais !
Mes yeux, mes tristes yeux, fermez-vous pour jamais.

### ORIANE & AMADIS.

O Ciel ! le puis-je croire ?

### AMADIS.

Amadis ; vous vivez ?

### AMADIS.

Vous plaignez mes malheurs ?
Vos beaux yeux mont donné des pleurs.

### ORIANE.

Vous vivez ?

### AMADIS.

Puis-je encor vivre en vôtre mémoire ?

### AMADIS & ORIANE.

O Ciel ! le puis-je croire !

ORIANE.

ORIANE.

*Je vous aime constamment*
*Malgré vôtre changement.*

*Dans une amour nouvelle*
*Vous pourrez trouver plus d'appas :*
*Mais vous n'y trouverez pas*
*Un cœur plus fidele.*

AMADIS.

*Oriane, m'accusez-vous ?*

ORIANE.

*Briolanie a des charmes trop doux,*
*Je n'empêcheray pas que vôtre amour la suive...*

AMADIS.

*Ah! ne reprenez plus vôtre fatal couroux*
*Si vous souhaitez que je vive.*

ORIANE.

*Vous aurez peu de peine a me desabuser,*
*Amadis, contre vous à regret je m'irrite ;*
*Le dépit que l'amour excite*
*Ne demande qu'à s'appaiser.*

AMADIS.

*Faut-il que vôtre cœur se soit laißé surprendre*
*D'un soupçon qui nous coûte un si cruel tourment ?*

ORIANE.

*C'est le défaut d'un cœur tendre*
*De s'allarmer aisément.*

H

# AMADIS.

## AMADIS & ORIANE.

*Ma douleur eût été mortelle :*
*Helas ! j'allois y succomber.*
*Ah ! gardons-nous de retomber*
*Dans une peine si cruelle.*

## ORIANE.

*Tout vous a dit*
*Que je vous aime*
*Mes larmes, ma douleur extrême,*
*Et jusqu'à mon dépit,*
*Tout vous a dit*
*Que je vous aime.*

## AMADIS.

*Je vous promets*
*De n'éteindre jamais*
*Une fláme si belle :*
*Je vous promets*
*Une amour éternelle.*

## AMADIS & ORIANE

*Je vous promets*
*De n'éteindre jamais*
*Une fláme si belle :*
*Je vous promets*
*Une amour éternelle.*

## SCENE TROISIEME.

### URGANDE, AMADIS, ORIANE.

#### URGANDE.

ENfin vos cœurs sont réünis.

#### AMADIS.

Par vôtre heureux secours, nos troubles sont finis.

#### URGANDE.

Il est aisé d'appaiser les querelles
Dont les Amants fideles
Ne sont troublez que trop souvent :
L'amour chassé par la colere
Ne manque guere
De revenir plus fort qu'auparavant.

#### ORIANE.

Je dépends d'un devoir severe,
Mon Pere a fait un choix qui s'oppose à mes vœux.

#### URGANDE.

J'auray soin d'obtenir l'aveu de vôtre Pere.

#### AMADIS & ORIANE.

Que ne devons-nous pas à vos soins genereux ?

#### URGANDE.

Un si parfait amour mérite d'être heureux.
Il faut vous ôter tout ombrage,
Les Amants dans ces lieux, sous cet arc enchanté,
Trouvent le juste témoignage
De leur fidélité.                    H ij

## AMADIS,

### ORIANE.

*Il me suffit de l'assûrance,*
*Qu'Amadis me donne en ce jour.*

### URGANDE.

*Peut-on trop r'assûrer l'amour ?*
*Mais Florestan icy vient montrer sa constance.*

# SCENE QUATRIEME.

## FLORESTAN, CORISANDE, URGANDE,

## AMADIS, ORIANE.

### URGANDE à FLORESTAN.

*IL est temps de vous arrêter.*

### FLORESTAN.

*La valeur & l'amour doivent tout surmonter ;*

*Où suis-je ! d'où vient ce nuage ?*
*Quel pouvoir arrête mes pas ?*
*Mille & mille invisibles bras*
*Deffendent ce passage.*

### URGANDE.

*Soyez content de l'avantage,*
*Qu'aucun autre avant vous n'ait pû passer si loin.*

### CORISANDE.

*Je connois vôtre amour.*

### AMADIS.

*L'univers est témoin*
*Des efforts de vôtre courage.*

URGANDE, CORISANDE, AMADIS & ORIANE.

*Epargnez-vous un inutile soin.*

### URGANDE.

*Amadis va tenter l'avanture fatale,*
*Il doit l'achever aujourd'huy.*
*En amour, en valeur, nul autre ne l'égale ;*
*C'est un sort assez beau de ne céder qu'à luy.*

### AMADIS.

*Pour rendre tout possible à mon amour extrême,*
*Il suffit d'un regard de la beauté que j'aime.*

URGANDE, ORIANE, FLORESTAN & CORISANDE.

*Heros favorisé des cieux :*
*Soyez toûjours victorieux.*
*Amadis, vôtre amour fidele*
*Mérite une gloire immortelle.*

AMADIS passe sous l'Arc des loyaux Amants.

### CHOEUR invisible.

*Heros, favorisé des cieux :*
*Soyez toûjours victorieux.*
*Amadis, vôtre amour fidele*
*Merite une gloire immortelle.*

### URGANDE à ORIANE.

*Suivez ce Heros glorieux ;*
*Vers la chambre enchantée avancez sans allarmes.*

### AMADIS conduisant ORIANE.

*Venez en surmonter les charmes,*
*Quels charmes sont plus forts que ceux de vos beaux*
*yeux ?*

# SCENE CINQUIE'ME.

La Chambre deffenduë s'ouvre, une Troupe de Heros & d'Heroïnes qu'Apollidon y avoit autrefois enchantez, pour y attendre le plus fidele des Amants & la plus parfaite des Amantes, reçoit AMADIS & ORIANE, & les reconnoit dignes de cet honneur.

AMADIS, ORIANE, URGANDE, FLORESTAN, CORISANDE, Troupe de Heros & d'Heroïnes.

### Une des HEROINES. Mlle Duval.

*FIdeles cœurs vôtre constance*
*Ne sera pas sans recompense,*
*Un sort heureux suit vos tourmens.*

*A la fin l'Amour couronne*
*Les parfaits Amants.*
*Que les prix qu'il donne,*
*Sont doux & charmants !*

*A la fin l'Amour couronne*
*Les parfaits Amants.*

### CHOEUR.

*A la fin l'Amour couronne*
*Les parfaits Amants.*

Les HEROS & les HEROÏNES témoignent leur joye, par des danses mêlées de chants.

## LE GRAND CHOEUR.

*Chantons tous en ce jour*
*La gloire de l'Amour.*

*Gardez-vous bien de briser vos chaînes,*
*Vous qui souffrez de cruelles peines,*
*Ne cessez point d'être constants,*
*Et vous serez contents.*

## LE PETIT CHOEUR.

*Nous devons suivre*
*Des loix qui doivent nous charmer ;*
*Ce n'est pas vivre,*
*Que vivre, sans sçavoir aimer.*

## FLORESTAN à CORISANDE.

*Tout suit nos vœux,*
*Rien ne trouble nôtre vie :*
*Des plus beaux nœuds*
*Pour jamais l'Amour nous lie ;*
*Je puis vivre pour vous,*
*Que mon bonheur est doux !*

## CORISANDE à FLORESTAN.

*Il n'est plus temps de répandre des larmes,*
*Nous aimerons deformais sans allarmes ;*
*Que de plaisirs ! que de beaux jours*
*Vont s'offrir à nos amours !*

# AMADIS,

## LE GRAND CHOEUR.

*Tout charme icy nos yeux,*
*Où peut-on estre mieux?*

## LE PETIT CHOEUR.

*Où peut-on estre mieux,*
*Que dans ces beaux lieux?*

## LE GRAND CHOEUR.

*Les plus charmants plaisirs*
*Suivront tous nos desirs.*

## LE PETIT CHOEUR,

*Les parfaites douceurs*
*Sont pour les tendres cœurs.*

Un des HEROS enchantez. Monsieur Boutelou.

*Joüissons à jamais*
*De la douce paix*
*Qui nous appelle.*
*Joüissons à jamais*
*De la douce paix*
*D'une amour fidele.*

## LE GRAND CHOEUR.

*C'est assez d'entreprendre*
*De faire un beau choix;*
*Il suffit qu'un cœur tendre*
*S'engage une fois.*

## CORISANDE.

*Quel tourment, quand l'amour est extrème.*
*De trembler pour l'objet que l'on aime!*
*Quel plaisir de se voir hors d'un mortel danger!*
*Quand les maux sont finis, qu'il est doux d'y songer!*

## LE GRAND CHOEUR.

*A la fin, nous aimons sans rien craindre.*
*Ce n'est plus la saison de nous plaindre,*
*On fuiroit les Amours*
*S'ils gémissoient toûjours.*

Le HEROS enchanté, FLORESTAN & CORISANDE.

*Un tendre amour ne plaît pas moins*
*Lorsqu'il tourmente ;*
*Plus un plaisir coûte de soins,*
*Plus il enchante.*
*Que le bonheur est charmant*
*Aprés un long tourment!*

## LE GRAND CHOEUR.

*Mille Jeux innocens*
*Vont enchanter nos sens.*

## LE PETIT CHOEUR.

*Mille Jeux innocens*
*Vont enchanter nos sens.*

I

Le HEROS enchanté.

*Amants inconstants, n'esperez pas*
*De joüir d'un sort si plein d'appas.*

### LE GRAND CHOEUR.

*Loin de nous, Infidelles,*
*Fuyez loin de nous,*
*Ces demeures si belles*
*Ne sont pas pour vous.*

### CORISANDE.

*Au milieu d'un tourment sans égal,*
*L'Amour sçait plaire ;*
*Il luy faut pardonner tout le mal*
*Qu'il nous veut faire.*
*Je n'ay point de regret aux pleurs que j'ay versez,*
*Le bonheur qui les suit les recompense assez.*

### LE GRAND CHOEUR.

*Chantons tous en ce jour*
*La gloire de l'Amour.*
*Gardez-vous bien de briser vos chaînes,*
*Vous qui ne souffrez de cruelles peines :*
*Ne cessez point d'estre constants*
*Et vous serez contents.*

Fin du cinquiéme & dernier Acte.